Für Liva, Felix und Frank
K. R.

Für Jesper, Femke und Roberto, weil ich euch sehr lieb hab!
Sabine

Der Umwelt zuliebe ist dieses Buch auf chlorfrei gebleichtem Papier gedruckt.

ISBN 3-7855-5070-7 – 3. Auflage 2004

In anderer Ausstattung bereits 2003
im Loewe Verlag erschienen.
Umschlagillustration: Sabine Kraushaar
Umschlaggestaltung: Barbara Weishaupt
Redaktion: Rebecca Schmalz
Herstellung: Ulrike Schneider
Gesamtherstellung: Officine Grafiche Novara 1901
Printed in Italy

www.loewe-verlag.de

Katja Reider · Sabine Kraushaar

Weil ich dich lieb hab

Loewe

Weil ich dich lieb hab,

geb ich auf dich Acht, bei Tag und bei Nacht.
Bist du in Gefahr, bin ich für dich da:
schnell wie der Wind und wild wie das Meer,
schlau wie ein Fuchs und stark wie ein Bär.
Komm, öffne die Augen, und begrüße den Morgen,
an meiner Seite bist du geborgen!

Weil ich dich lieb hab,

werd ich zu einem Kuscheltier
und bleib am liebsten nah bei dir.
Bist du auch manchmal stachelig,
pikst du mich niemals absichtlich.
Drum schnarchen wir stets im Duett
in unserem grünen Blätterbett!

Weil ich dich lieb hab,

will ich an deiner Seite gehen,
die Welt mit deinen Augen sehen.
Die Blumen hier, der Weiher dort –
ganz neu entdeck ich jeden Ort.
Nehm Dinge wahr, die ich nie sah:
Jetzt seh ich sie, denn du bist da!

Weil ich dich lieb hab,

scheint mir das Leben fad und trist,
wenn du einmal nicht bei mir bist.
Du quiekst vergnügt, bist mopsgesund
und kugelrund aus gutem Grund:
Meine liebsten Leckereien
teil ich nur mit dir allein!

Weil ich dich lieb hab,

fürcht ich weder Schnee noch Eis,
ist mir selbst am Südpol heiß!
Geht's auch mal den Gletscher runter,
mit dir geh ich niemals unter.
Kälte, Sturm und Dunkelheit
stören mich nicht, sind wir zu zweit.

Weil ich dich lieb hab,

tausch ich dich nie und nimmer ein,
magst du auch mal ein Böckchen sein.
Du meckerst hier, ich blöke da –
ach, zanken können wir wunderbar!
Doch geht die Sonne abends schlafen,
ist Frieden unter kleinen Schafen.

Weil ich dich lieb hab,

will ich mich kugeln und Purzelbaum schlagen,
dich Tag und Nacht auf Pfoten tragen,
will Regenbogen vor Wolken malen,
mit der Sonne um die Wette strahlen,
will Sterne wie Blumen vom Himmel pflücken,
dich über und über damit schmücken.

Weil wir uns lieb haben,

strahlt die Sonne warm und hell,
schwindet aller Ärger schnell.
Kugeln wir zu zweit durchs Gras,
macht das Leben doppelt Spaß!
Knuddeln, kuscheln, spielen, raufen,
zehnmal um die Wette laufen,
voller Schwung ganz hoch hinauf –
und ich weiß:
Du fängst mich auf!